Questions Réponses ! 7+

Les animaux et leurs petits

écrit par **Jenny Wood**
traduit par **Ariane Bataille**

Nathan

Édition originale parue sous le titre :
I Wonder Why Kangaroos Have Pouches

Auteur : Jenny Wood
Conseiller : Michael Chinery
Direction artistique : Amanda Francis
Illustrations : John Butler 18-19 ; Joanne Cowne 14-15, 24-25 ; Peter Dennis (Linda Rogers) 26-27 ; Chris Forsey 16-17, 28-29 ; Tony Kenyon (B.L. Kearley) pour tous les dessins humoristiques ; Mick Loates (Linden Artists) 6-7 ; Alan Male (Linden Artists) 10-11 ; Nicki Palin 4-5, 30-31 ; Andrea Ricciardi di Gaudesi 22-23 ; Claudia Saraceni 8-9 ; Dan Wright 20-21 ; David Wright (Kathy Jakeman) couverture, 12-13.

Édition française :

25 avenue Pierre de Coubertin, 75013 Paris
Traduction : Ariane Bataille
Réalisation : Martine Fichter
N° éditeur :10201284
ISBN : 978-2-09- 255305-3
Dépôt légal : octobre 2012
Conforme à la loi n° 49-956 du 16 juillet 1949 sur les publications destinées à la jeunesse, modifiée par la loi n° 2011-525 du 17 mai 2011.

Achevé d'imprimer en juin 2014 par Wing King Tong Products Co.Ltd., Shenzen, Guangdong, Chine

www.nathan.fr

LES QUESTIONS DU LIVRE

Quel bébé a la meilleure mère ?

Le bébé gorille a l'une des meilleures mamans du monde. Malgré sa taille et son allure très impressionnantes, celle-ci se montre très douce avec son petit. Non seulement elle le nourrit jusqu'à l'âge de trois ans, mais elle continue à le protéger bien longtemps après.

Chez les grands singes (chimpanzés, gorilles, gibbons, et orangs-outans), les femelles sont en général de très bonnes mères.

Quel bébé a la plus mauvaise mère ?

La femelle du coucou européen ne se soucie guère de ses petits. Cette mère paresseuse préfère pondre son œuf dans le nid d'un autre oiseau qui élèvera l'oisillon à sa place dès que celui-ci sera sorti de son œuf.

Le coucou s'arrange pour pondre dans un nid dont les œufs ressemblent aux siens.

Qui garde ses bébés en prison ?

Pendant que la femelle du calao pond ses œufs dans le trou d'un arbre, le mâle l'aide à en boucher l'ouverture. Mais il prend soin de laisser un espace par lequel il pourra passer le bec pour nourrir sa famille !

Les musaraignes sont des mères à temps partiel. Elles font un saut dans le nid de temps en temps pour nourrir leurs petits.

Quel père met au monde ses petits ?

La femelle hippocampe dépose ses œufs dans une poche située sur l'abdomen du mâle. Le père les porte ainsi jusqu'au moment de l'éclosion. Ce sont alors des centaines de tout petits hippocampes qui semblent jaillir de son ventre.

Qui couve ses œufs avec ses pattes ?

Chaque année, au milieu de l'hiver, la femelle du manchot empereur pond un œuf qu'elle donne à couver à son mâle. Celui-ci le cale entre ses pattes et ses plumes en attendant qu'il éclose, au printemps.

Le mâle de l'épinoche veille sur ses petits. Lorsque l'un d'eux s'échappe, il l'attrape dans sa gueule pour le recracher dans le nid.

Qui s'imbibe d'eau comme une éponge ?

Les gangas sont de drôles d'oiseaux ! Ils vivent dans les régions désertiques d'Afrique, d'Asie et du sud de l'Europe. Lorsque la sécheresse est trop grande, le mâle s'envole à des centaines de kilomètres du nid pour trouver de l'eau. Il s'y plonge entièrement et, à son retour, ses petits peuvent ainsi sucer ses plumes et boire l'eau dont ils ont besoin pour survivre.

Chez les animaux, la plupart des pères se désintéressent de leurs petits et s'en vont même avant leur naissance.

Pourquoi les kangourous ont-ils une poche ?

Seule la femelle du kangourou a une poche pour nourrir ses bébés. Le mâle, lui, n'en a pas besoin.

Dès sa naissance, le bébé kangourou, n'est pas plus gros qu'une cacahuète ! Il se fraie alors un chemin jusqu'à la poche ventrale de sa maman. Il s'y glisse pour se nourrir de son lait et y reste, au chaud et à l'abri de tout danger, pour y grandir en paix.

Qui s'accroche le plus à sa mère ?

Le bébé maki passe les sept premiers mois de sa vie accroché au dos de sa mère. Il s'agrippe fermement à sa fourrure et bondit ainsi avec elle dans toute la forêt.

Qui se laisse prendre par la peau du cou ?

Comme tous les félins, la femelle du léopard attrape son petit par le cou qu'elle coince entre ses mâchoires. Le bébé ne proteste pas car elle ne lui fait pas mal : à cet endroit, la peau est très lâche, donc insensible.

La femelle du crocodile transporte ses bébés dans sa gueule en faisant très attention de ne pas les mordre.

Qui se laisse promener sur l'eau ?

Bien qu'ils sachent parfaitement nager tout seuls, les bébés grèbes préfèrent se promener tranquillement sur le dos de leur maman !

Quel est le bébé le plus entouré ?

Dès sa naissance, le bébé éléphant est entouré de sa maman et d'un nombre impressionnant de sœurs, cousines, mamies et tantes car les éléphantes se regroupent entre elles, formant ainsi de grandes familles d'où les mâles, et donc les pères, sont exclus !

Quels bébés met-on dans le même terrier ?

Les lièvres de Patagonie laissent leurs bébés dans des terriers communs. Ainsi, les petits ne restent pas seuls et lorsqu'une mère vient nourrir les siens, elle en profite pour vérifier que les autres vont bien.

Lorsqu'une maman hippopotame part à la chasse, elle confie son bébé à une baby-sitter !

Sorte de cobayes à longues pattes, les lièvres de Patagonie vivent en Amérique du Sud. Ils ne rejoignent jamais leurs petits à l'intérieur du terrier : ils les sifflent pour les faire sortir.

Quelle est la plus grande nurserie du monde ?

Chez les abeilles, dans chaque ruche, une nurserie est uniquement réservée à l'éclosion des œufs.

Aux États-Unis, la grotte de Bracken rassemble plus de vingt millions de chauves-souris. Les mères y entassent leurs petits les uns contre les autres pour qu'ils se tiennent chaud. Ils sont si serrés qu'on en compte facilement trois mille au mètre carré.

La chauve-souris a l'oreille *fine* : elle reconnaît le cri de son petit parmi les millions d'autres cris de bébés dans la grotte.

Qu'y a-t-il dans l'œuf d'un oiseau?

Les œufs n'ont pas toujours le temps d'éclore : ils sont parfois dévorés par des chasseurs affamés.

Un œuf d'oiseau contient trois éléments : un embryon d'oiseau, du jaune et du blanc d'œuf. Le jaune sert à nourrir le futur oiseau ; le blanc sert également à le nourrir, mais il le protège aussi en cas de choc.

Certains œufs éclosent plus vite que d'autres : une mouche naît au bout de 24 heures, un poussin au bout d'une vingtaine de jours, et un kiwi au bout de trois mois ou plus.

Les œufs du requin baleine sont énormes : ils sont aussi gros que des ballons de rugby !

Pourquoi les oiseaux retournent-ils leurs œufs ?

Les oiseaux retournent assez souvent leurs œufs dans le nid afin de les chauffer uniformément. L'embryon a besoin de cette chaleur pour se développer correctement.

Les chenilles naissent sans doute affamées car elles dévorent la coquille de l'œuf dont elles sortent.

Qui pond des œufs ?

À part les oiseaux, de nombreux animaux pondent des œufs : les tortues, les poissons, les serpents, les insectes, les grenouilles, ou bien encore les araignées. Leurs œufs sont bien sûr tous différents : par leur taille, leur couleur, leur aspect et leur consistance.

Qui a le nid le plus douillet ?

Les petits du lapin, les lapereaux, grandissent dans le plus confortable des nids. Leur mère, la lapine, le façonne dans un terrier creusé dans le sol, en tassant de l'herbe sèche qu'elle recouvre ensuite d'une couche de poils de sa propre fourrure.

Le nid du rat d'Amérique manque de douceur : sa mère le lui installe dans un cactus. Ouille !

Quel bébé naît sous la neige ?

L'ourson polaire naît dans une tanière profonde, une sorte de grotte de glace que sa mère a creusée sous la neige avant qu'il naisse. L'air chaud emprisonné dans cet abri le rend en fait très confortable pour l'hiver. Il permet au petit d'attendre le printemps et une température extérieure plus supportable pour sa première sortie.

Tissé de mousse, de fils d'araignées, de pétales de fleurs et de duvet de plantes, le nid du colibri n'est pas plus gros qu'une noix.

Quels sont les nids les plus vieux ?

Le pygargue à tête blanche retourne chaque année dans le même nid qu'il répare avant d'y pondre ses œufs. Certains nids, vieux de plus de cent ans, sont aussi gros et aussi lourds que des voitures.

Aux États-Unis, un couple de piverts avait fait son nid dans la navette spatiale. Mais ils n'ont pas décollé avec elle !

Qui se cache dans une bulle ?

Peu de temps après leur naissance, les bébés cercopes (des petits insectes sauteurs) sécrètent une sorte de mousse, appelée écume printanière, dont ils s'enveloppent pour se mettre à l'abri des prédateurs, en attendant de devenir adultes.

Quel est le plus gros bébé du monde ?

À sa naissance, le petit de la baleine bleue est déjà un mastodonte de 3 tonnes. Le baleineau est donc environ mille fois plus lourd qu'un bébé humain. Sa maman le pousse aussitôt vers la surface de l'eau pour qu'il respire car ses poumons ne contiennent pas encore d'air.

La longueur du baleineau bleu égale environ celle de cinq plongeurs nageant à la queue leu leu, soit près de 7 mètres.

Au petit matin, le singe hurleur pousse de terribles cris, si perçants qu'on peut les entendre de très loin dans la forêt vierge.

Quel est le plus grand bébé du monde ?

Le girafeau mesure près de deux mètres de haut. Sa mère est encore plus grande. Elle le met au monde en restant debout et ce sont les pieds du bébé qui touchent le sol en premier. Il tombe alors de près de 2 mètres. Quelle chute !

Le petit de la libellule est sans doute l'un des bébés les plus féroces qui soient. Il saisit entre ses mandibules tout ce qu'il voit bouger.

Quel est le plus laid de tous les bébés ?

Avec son gros bec crochu, sa tête chauve et son cou déplumé, le bébé urubu est assez vilain. Mais ses parents ne sont pas très beaux non plus. Tel père, tel fils !

Pourquoi les pandas n'ont-ils qu'un petit à la fois ?

La femelle du panda géant accorde à son bébé une telle attention qu'elle serait incapable d'en élever deux à la fois. Elle s'occupe de lui pendant un an, ou plus, afin de lui donner les meilleures chances de survivre. Le petit deviendra adulte à 5 ans.

Les directeurs de zoos emmènent leurs pandas en avion autour du monde à la rencontre d'autres pandas en captivité, dans l'espoir qu'ils se reproduisent.

Qui peut pondre des centaines d'œufs ?

La plupart des grenouilles et des crapauds déposent d'énormes quantités d'œufs dans une masse gélatineuse qu'on appelle le frai. Ceux qui ne sont pas mangés par les poissons se transforment en têtards.

Le bénitier est le plus grand coquillage du monde. Il vit dans les eaux chaudes des récifs coralliens. Il a la particularité d'être à la fois mâle et femelle.

Quels bébés naissent tous identiques ?

À chaque fois qu'elle met au monde des petits, la femelle du tatou à neuf bandes, originaire d'Amérique, accouche invariablement de quatre bébés. Ils sont tous mâles ou tous femelles. Issus d'un seul œuf qui s'est divisé en quatre, ces bébés sont donc de véritables quadruplés, tous parfaitement identiques !

La maman albatros ne pond qu'un œuf tous les deux ans, et même trois ou cinq ans, pour certains. Le bébé reste avec ses parents pendant dix mois, jusqu'à ce qu'il sache voler.

Qui boit le lait le plus crémeux ?

Le lait de la femelle du phoque du Groenland est si riche qu'il ressemble à de la mayonnaise. Il est douze fois plus crémeux que le lait de vache. Il est tellement nourrissant que le bébé phoque, appelé blanchon à cause de sa fourrure blanche, grossit à une vitesse surprenante : plus de 2 kilos par jour !

Le bébé phoque doit grandir vite afin que sa mère puisse retourner à la pêche. Après avoir passé trois semaines à le nourrir, elle a en effet très faim !

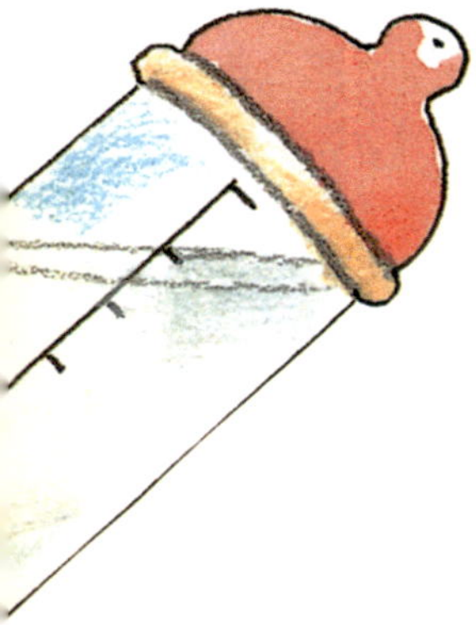

La plupart des bébés phoques naissent dans les régions les plus glaciales du monde. Mais grâce à leur belle fourrure blanche et à une épaisse couche de graisse, ils ne sentent pas le froid.

Le bébé saumon sort de l'œuf avec son déjeuner ! Il naît en effet muni d'une poche de nourriture, un peu comme un jaune d'œuf, qui va durer plusieurs semaines.

Qui transporte les repas de ses petits dans un sac ?

Sous son bec, le pélican possède une poche de peau qu'il utilise à la manière d'un filet pour ramasser des poissons dans la mer. Il les avale ; puis, lorsque l'un de ses petits a faim, il en régurgite une partie dans cette poche où le jeune pélican viendra se servir. Miam !

La chenille polyphemus est l'un des bébés les plus voraces. Pendant les 56 premiers jours de sa vie, elle grignote une quantité de feuilles dont le poids est 86 000 fois supérieur à son poids de naissance.

Les oisillons ont souvent l'intérieur du bec très coloré. On suppose que c'est pour inciter les parents à nourrir leurs petits lorsqu'ils ont faim et qu'ils s'égosillent bruyamment pour réclamer à manger.

Pourquoi les lionceaux poursuivent-ils la queue de leur mère ?

Les lionceaux sont très joueurs, ils bondissent sur tout ce qui bouge, en particulier le bout de la queue de leur mère. Ce genre de jeu les prépare à la vie adulte. Ils développent ainsi ruse, habilité et rapidité, autant de techniques de chasse très utiles qu'ils devront parfaitement maîtriser plus tard pour se nourrir.

Les loutres de mer aiment s'amuser. La mère joue souvent à lancer son bébé en l'air pour le rattraper entre ses pattes. Olé !

C'est par le jeu, en s'amusant à se battre, à courir ou à se cacher, que les bébés des animaux apprennent à survivre.

Pourquoi les canetons se suivent-ils à la queue leu leu ?

Dès qu'ils sortent de l'œuf, les canetons suivent la première chose qu'ils voient bouger : leur mère. C'est en la suivant partout qu'ils apprennent à nager et à se nourrir. S'ils s'égarent, la cane n'a qu'à les appeler pour qu'ils se remettent bien sagement en rang !

Auprès de leurs parents, les petits chimpanzés apprennent à utiliser des outils : ici un bâton pour attraper des termites.

Quand le chiot devient-il un chien ?

Un chien est adulte à partir de l'âge de deux ans. Cependant, les races les plus petites ont un développement plus rapide que les autres. À la naissance, le chiot est aveugle et sans défense ; puis, au fil des semaines, ses sens vont se développer. Bientôt, il marchera et saura aussi grogner et aboyer. Il grandit et prend des forces en mangeant des aliments solides.

2 À six semaines, il commence à explorer le monde qui l'entoure. Il adore jouer avec ses frères et sœurs et avec tout ce qui bouge...

1 À deux semaines, les yeux du chiot s'ouvrent. Il entend et sursaute au moindre bruit. Il ne va pas tarder à marcher.

Le bébé gnou sait courir avant de marcher ! Il trotte déjà à côté de sa mère cinq minutes après sa naissance. Courir est vital pour les petits, proies faciles pour les guépards.

Quand le petit tigre quitte-t-il sa mère ?

La tigresse s'occupe de ses bébés pendant deux ans environ. Puis, dès qu'elle a une nouvelle portée, elle ignore ses premiers petits. Ce n'est pas cruel de sa part car à deux ans, un tigre est capable de se débrouiller tout seul.

3 À deux ans, le chien a fini de grandir. Il atteint sa taille adulte. Il lui faut de l'exercice et une bonne alimentation pour rester en pleine forme. Certains sont devenus très grands, d'autres resteront petits, selon leur race !

Larve — Chrysalide — Coccinelle

La plupart des insectes changent d'aspect avant d'atteindre l'âge adulte. Au début de sa vie, la coccinelle n'est qu'une larve qui se transforme ensuite en chrysalide. À l'intérieur de sa peau très rigide, l'insecte évolue alors très vite, pour en sortir sous les traits d'une coccinelle.

Qui se cache dans la forêt ?

Le bébé cerf, appelé faon, n'a pas assez de force pour pouvoir espérer échapper à ses prédateurs ! Dès qu'il se sent menacé, il s'immobilise et ne fait plus de bruit jusqu'à ce que tout danger soit écarté. Grâce à sa robe mouchetée, il devient presque invisible sous la lumière tamisée par les grand arbres de la forêt.

Qui se protège derrière un mur de cornes ?

Lorsqu'ils se sentent menacés, les bœufs musqués qui peuplent l'extrême nord du Canada et le Groenland ont l'habitude de se ranger en cercle autour de leurs petits pour les protéger. Ils opposent ainsi à l'ennemi un véritable mur de longues cornes recourbées et menaçantes, que seul un loup très courageux ose affronter !

Beaucoup d'animaux font du bruit pour effrayer leurs ennemis. La chouette de terrier, qui vit dans des trous creusés dans le sol, imite ainsi celui du terrible serpent à sonnettes.

Quelle est la mère la plus rusée ?

La femelle du pluvier utilise différentes techniques pour éloigner les intrus. Elle court vers eux, ailes déployées pour les chasser. Si un prédateur menace de dévorer ses petits, elle n'hésite pas à battre de l'aile comme si elle était blessée et à se traîner hors du nid. Elle s'éloigne de plus en plus pour attirer son ennemi. Celui-ci, la prenant alors pour une proie facile à attraper, part aussitôt à sa poursuite sans plus se soucier de ses bébés.

À l'abri sur le dos de leur mère, les bébés scorpions n'ont pas à craindre d'être attaqués par un ennemi. Il suffit à la maman scorpion de recourber sa queue au dard empoisonné au-dessus de son dos pour faire fuir n'importe qui !

Quel est le bébé le plus léché ?

Dès qu'un chaton naît, sa mère lui lèche vigoureusement le nez et la bouche pour qu'il puisse respirer. Ensuite, toujours avec sa langue, elle sèche sa fourrure humide pour qu'il n'attrape pas froid. Il ne voit pas encore et n'entend pas non plus. Il se déplace en rampant. Mais en grandissant, les bébés chats deviennent vite très joueurs et très agiles !

Les flamants lissent aussi bien leurs plumes que celles de leurs petits. C'est une façon de les débarrasser des insectes et autres saletés, et de les enduire d'huile. Cette huile, sécrétée par des glandes, imperméabilise leurs plumes.

Rien de tel qu'un bon bain de boue pour se nettoyer et garder la peau douce ! Le bébé hippopotame en est un fervent adepte car la boue le protège des rayons ardents du soleil et empêche sa peau de se déshydrater.

Qui adore faire sa toilette ?

La femelle du babouin est très attentive à la propreté de ses bébés. Elle inspecte leur fourrure centimètre par centimètre. Elle les épouille avec les doigts, retirant des peaux mortes, des insectes et des saletés diverses… qu'elle mange la plupart du temps ! Une activité qui l'occupe une grande partie de la journée.

Parfois, il arrive que le poulain donne un coup de dents à sa mère. Il n'agit pas ainsi par méchanceté, mais tout simplement pour lui demander de lui faire un brin de toilette.

Qui profite du nid le plus propre ?

Si la plupart des nids d'animaux sont propres, le blaireau mérite tout de même le premier prix ! En effet, les adultes renouvellent régulièrement la garniture d'herbes et de feuilles sèches de la litière de leurs petits. Loin du terrier, ils creusent un trou que toute la famille utilise en guise de toilettes.

Comment l'agneau retrouve-t-il sa mère ?

Une brebis séparée de ses bébés entendra toujours leurs bêlements même au beau milieu d'un énorme troupeau de moutons. En effet, s'ils se ressemblent tous beaucoup, les agneaux ont chacun un cri distinctif que leur mère est capable de reconnaître.

La plupart des dauphins et des baleines parlent à leurs petits en émettant des sons variés, notamment des sortes de « clicks ». Un baleineau à bosse peut entendre sa mère l'appeler à 185 km à la ronde !

L'élan peut parcourir de très grandes distances. Pour faire avancer son petit, même s'il est fatigué, la mère élan lui donne des coups de tête dans les fesses !

Qui reçoit une fessée s'il n'est pas sage ?

Si un éléphanteau désobéit à sa maman, celle-ci, d'un bon coup de trompe, le rappelle à l'ordre : une petite fessée pour apprendre à se tenir correctement ! Mais les éléphantes se servent surtout de leur trompe pour caresser leur bébé ou les autres petits de la famille, en signe d'affection. Boire, s'arroser, déraciner des arbustes ou cueillir des feuilles, corriger ou câliner, une trompe est décidément bien utile !

Les loups communiquent entre eux par des hurlements. Les louveteaux apprennent à hurler en imitant leurs parents.

La femelle du lamantin (un mammifère marin) serre son petit entre ses nageoires pour l'empêcher d'être emporté par le courant.

Index